Succession de M. V......

# TABLEAUX

ANCIENS ET MODERNES

## OBJETS D'ART

Bronzes, Marbres

## LIVRES

VENTE

HOTEL DROUOT, SALLE N° 8

Les Lundi 7 Mars 1881, et jours suivants

EXPOSITION PUBLIQUE

LE DIMANCHE 6 MARS 1881

PARIS — 1881

CATALOGUE

DE

# TABLEAUX ANCIENS

PAR

Berkeyden, Bilcoq, Géricault, Rembrandt
J. Ruysdaël, J. Steen

ŒUVRE IMPORTANTE DE DAVID TÉNIERS, LE FILS

## TABLEAUX MODERNES

PAR

Bonington, Decamps, Robert-Fleury, Ary-Scheffer, H. Vernet, etc.

## OBJETS D'ART ET D'AMEUBLEMENT

Joli Groupe en marbre blanc attribué à PAJOU, Statuettes et Bustes en marbre

## BRONZES D'ART, PORCELAINES DE SÈVRES

ET AUTRES

Bronzes d'ameublement des époques Louis XV et Louis XVI
Deux Consoles d'angles du temps de Louis XVI en bois d'acajou et bronze doré

## LIVRES, MANUSCRITS

DONT LA VENTE AURA LIEU

APRÈS DÉCÈS DE M. V...

HOTEL DROUOT, SALLE N° 8

Les Lundi 7, Mardi 8 et Mercredi 9 Mars 1881

A DEUX HEURES

COMMISSAIRES-PRISEURS :

| Me BAUBIGNY | Me ALBINET |
|---|---|
| Rue de Grammont, 20 | Rue de Maubeuge, 84 |

EXPERTS :

| POUR LES TABLEAUX | POUR LES OBJETS D'ART | POUR LES LIVRES |
|---|---|---|
| M. FÉRAL | M. MANNHEIM | M. MARTIN |
| rue du Fg-Montmartre, 54 | rue St-Georges, 7 | rue Séguier, 18 |

EXPOSITION PUBLIQUE

LE DIMANCHE 6 MARS 1881

PARIS — 1881

## CONDITIONS DE LA VENTE

---

Elle sera faite au comptant.

Les Acquéreurs paieront, en sus des adjudications, CINQ CENTIMES PAR FRANC, applicables aux frais.

## DÉSIGNATION

# TABLEAUX ANCIENS ET MODERNES

### BERGERET (Pierre-Nolasque)

1 — Honneurs rendus à Raphaël, après sa mort.

Ce tableau a été gravé à l'eau forte en 1812, par Pauquet père, et terminé au burin par Sixdeniers.

Toile. — H. 42 c. L. 70 c.

### BERKEYDEN (Gérard)

2 — La Place du Marché, à Haarlem.

De nombreux personnages se trouvent groupés à différents plans; sur la gauche, une riche habitation à colonnes surmontées d'une terrasse; au second plan, une église; à droite, des maisons.

Bon tableau, d'une parfaite conservation; signé en toutes lettres.

Bois. — H. 62 c. L. 42 c.

**

## BILCOQ (L.)

3 — L'Alchimiste.

Il est assis, accoudé sur une table, ayant un livre ouvert et paraît absorbé dans la méditation; un jeune apprenti semble attendre ses ordres, appuyé sur le dossier de sa chaise. A gauche, une armoire est en partie cachée par un tapis de Turquie; une valise, des bocaux et différents ustensiles sont placés auprès. Une vitrine, contenant des papillons, est accrochée au mur.

Signé et daté 1786.

Toile. — H. 57 c. L. 71 c.

## BONINGTON (Richard-Parkes)

4 — Port de mer.

A gauche, des maisons de pêcheurs devant lesquelles des bateaux sont amarrés; au second plan, un monticule sur lequel s'élève une forteresse.

Belle étude, d'une remarquable finesse de tons.

Carton. — H. 23 c. L. 29 c.

## CALLOT (Attribué à Jacques)

5 — Tentation de saint Antoine.

Composition très-connue par la célèbre eau-forte du maître.

Bois. — H. 48 c. L. 73 c.

## DECAMPS (Alexandre)

6 — Un Camp arabe.

Des officiers richement vêtus sont au centre du tableau, l'un d'eux, couvert de son burnous blanc, son chibouque passé à la ceinture; dans le fond, de nombreux soldats, les uns sur leurs chevaux, les autres assis ou debout, groupés autour de leurs tentes.

Signé en toutes lettres.

Toile. — H. 25 c. L. 32 c.

## DIETRICH (Chrétien-Guillaume)

7 — Femme âgée, la tête couverte d'un capuchon; elle a les mains jointes et fait sa prière.

Bois. — H. 17 c. L. 14 c.

## DE MARNE (Louis)

8 — La Route de Saint-Denis.

Une jeune paysanne, tenant une quenouille, est assise au pied d'une petite chapelle gothique, causant avec un villageois monté sur un âne; à gauche, des vaches; devant, des chèvres et des moutons au repos; à droite, la route bordée de grands arbres.

Toile. — H. 48 c. L. 60 c.

## DROLLING (Martin)

*Deux pendants*

9 — Paysages avec maisons de villageois et personnages.

Bois. — H. 24 c. L. 32 c.

## EISEN (Charles)

10 — La Promenade.

Une jeune princesse, vêtue d'un élégant costume en satin grisâtre avec broderies d'or, le tricorne sur la tête, est montée sur un cheval blanc ; elle se dirige vers la gauche, suivie de plusieurs cavaliers.

Bois. — H. 34 c. L. 26 c.

## FRANQUELIN (Jean-Auguste)

— La Servante curieuse.

Elle tient son balai ; debout dans la salle à manger, elle écoute auprès de la porte entrebaillée la conversation de deux jeunes femmes qui sont dans l'escalier.

Toile. — H. 45 c. L. 37 c.

## GÉRICAULT (Théodore)

12 — La Cour d'un roulage.

Au centre, un homme, vêtu d'une blouse bleue, est debout auprès d'une charrette ; il tient un fouet et arrête trois chevaux limousins qui sortent de l'écurie. En avant, un chien Belle et vigoureuse peinture.

Toile. — H. 40 c. L. 50 c.

## GÉRICAULT (Théodore)

13 — Chevaux auprès d'un arbre brisé.

Effet de nuit.

Toile. — H. 55 c. L. 66 c.

## GIRODET de RONCY-TRIOSON (Anne-Louis)

14 — Les Bardes.

Bois. — H. 34 c. L. 25 c.

## GREUZE (J.-B.)

15 — Jeune Fille à sa toilette.

Elle se regarde dans un miroir en attachant ses cheveux avec un ruban; un collier de perles et un bouton de rose sont posés sur le bord d'une table.

Toile. — H. 42 c. L. 32 c.

## HONDEKOETER (Attribué à Melchior)

16 — Oiseaux de basse-cour.

Un paon, un coq, des pigeons, des canards, des perroquets et autres oiseaux.

Toile. — H. 1 m. 34 c. L. 1 m. 53 c.

## LANTARA (Simon-Mathurin)

17 — Paysage rocheux coupé par une rivière.

Au centre, des bergers gardent des bestiaux.

Toile. — H. 32 c. L. 40 c.

## PORION

18 — Berger andalou jouant avec un lévrier.

Toile cintrée du haut. — H. 1 m. 55 c. L. 1 m.

## POTTER (Attribué à Paul)

19 — Les Gardeurs de porcs.

Un troupeau de porcs couchés sur le sol, sous la garde de deux villageois qui causent au pied d'un monticule surmonté de quelques arbres; à droite, paysage accidenté; sur un chemin, un villageois suivi de son chien.

Ce tableau porte la signature de P. Potter et la date 1645.

Bois. — H. 48 c. L. 64 c.

## REMBRANDT (Van Ryn)

20 — Portrait de jeune Femme.

Elle est représentée en buste, la tête de face, les cheveux blonds frisés, une chemisette plissée et serrée autour du cou, les épaules couvertes d'un manteau vert foncé avec broderies d'or.

Sur le fond, à droite, la signature : R. Van Ryn, 1632.

Le maître avait alors 24 ans, il ne possédait pas encore cette puissance et cette magie du clair-obscur que l'on remarque dans les œuvres du milieu de sa vie ; mais, néanmoins il y a dans ce portrait un jeu de lumière et une harmonie qui lui donnent un charme particulier et en font une œuvre des plus intéressantes.

Bois ovale. — H. 60 c. L. 44 c.

## ROBERT-FLEURY

21 — Petit Berger endormi, dans la campagne de Rome.

Toile. — H. 80 c. L. 65 c.

## ROBERT-FLEURY

22 — Paysan italien endormi, auprès de ses chevaux

Toile. — H. 20 c. L. 29 c.

## ROEHN (Adolphe-Eugène-Gabriel)

23 — Le Départ pour la promenade.

Une jeune femme, suivie de deux cavaliers, descend l'escalier d'un parc et se dispose à monter sur un cheval blanc qu'un valet tient par la bride.

Toile. — H. 31 c. L. 25 c.

## RUYSDAEL (Jacques)

24 — Paysage montueux.

Au premier plan, une mare au pied de monticules surmontés de quelques arbres; au centre, un chemin avec un berger conduisant un troupeau de moutons, et une femme donnant la main à son enfant; à gauche et au second plan, une chaumière à l'ombre de grands arbres dont le feuillage se détache sur un ciel nuageux éclairé par les rayons d'un soleil couchant.

Bon tableau, signé du monogramme.

Toile. — H. 63 c. L. 80 c.

## SABLET

26 — Femme italienne faisant du tricot.

Bois. — H. 32 c. L. 25 c.

## SCHEFFER (Ary)

*Deux pendants*

26 — Le Grand-Père et la Grand'Mère.

La grand'mère est assise dans une chambre mansardée elle raconte une histoire à ses deux petits enfants.

Le grand-père, tient son petit-fils qu'il fait sauter sur ses genoux ; sa petite-fille est assise à ses côtés.

Charmants petits tableaux.

Signés et datés 1826.

Toiles. — H. 31. c. L. 20 c.

## STEEN (Jean)

27 — Ce sujet, dans lequel se trouvent réunis de nombreux personnages, paraît être une noce de village.

Au centre, la fiancée se dirige vers une maison où tout le monde est impatient de la recevoir; un homme s'approche pour l'embrasser ; un second personnage vient au devant d'elle en ôtant son chapeau, pendant qu'une servante jette des fleurs sur son passage; autour d'eux, de nombreux villageois que cette scène parait beaucoup intéresser ; à droite, un homme et une femme sont montés sur des arbres coupés et renversés sur le sol.

Spirituel et bon tableau.

Signé.

Bois. — H. 60 c. L. 83 c.

## STORK (ABRAHAM)

28 — Marine.

Quatre personnages causent sur la plage auprès d'un marin monté dans un canot; au second plan, un navire de guerre, toutes voiles dehors et quelques bateaux; dans le fond, une ville hollandaise.

Toile. — H. 29 c. L. 36 c.

## SWEBACH (JACQUES)

*Deux pendants*

29 — Chevaux dans des paysages.

Charmants petits tableaux, de la plus remarquable finesse.

Bois. — H. 19 c. L. 27 c.

## TAUNAY (NICOLAS-ANTOINE)

30 — La Fontaine.

Une paysanne, montée sur un cheval, cause avec deux jeunes filles qui viennent prendre de l'eau.

Bois. — H. 38 c. L. 46 c.

## TÉNIERS (DAVID)

31 — L'Été.

Neuf villageois s'occupent devant une grange, les uns armés de ciseaux, tondent des moutons, pendant que trois autres, placés au premier plan, plongent les animaux dans une mare; sur la droite, et au second plan, des paysans coupent le blé et le mettent en gerbes; sur un plan plus éloigné, ils font des meules de foin.

La campagne inondée de lumière, et en pleine moisson, est animée par une multitude de travailleurs.

Superbe tableau du maître, de la plus belle qualité et de la plus parfaite conservation.

Signé en toutes lettres.

Cuivre. — H. 60 c. L. 83 c.

## VERNET (Joseph)

32 — Rochers et Cascades.

Au premier plan, un pêcheur vu de dos; à gauche, une jeune femme étendue sur un rocher.

Toile. — H. 40 c. L. 30 c.

## VERNET (Horace)

33 — Rochers au bord de la mer.

Au premier plan, des chasseurs tirent sur des oiseaux

Toile. — H. 40 c. L. 55 c.

## VERNET (Horace)

34 — Le Ruisseau.

Un pêcheur tenant une ligne est assis sur le bord.

Toile. — H. 20 c. L. 23 c.

## VERNET (Horace)

35 — Le Camoëns sauvant son poëme.

Toile. — H. 40 c. L. 54 c.

## WEENIX (Attribué à JEAN-BAPTISTE)

36 — La Muse des Arts.

Elle est assise, au centre, sur la terrasse d'un palais; devant elle, des vases d'or et d'argent, des tableaux, des instruments de musique; deux personnages sont à ses pieds; à droite, un sculpteur modèle une statue; au second plan, un peintre; derrière elle, Uranie, appuyée sur une sphère céleste.

Ce curieux tableau est évidemment l'œuvre de deux artistes, car les figures du premier plan diffèrent par leur exécution des objets qui les entourent et des personnages du second plan.

Toile. — H. 67 c. L. 98 c.

## WOUWERMAN (Genre de PHILIPPE)

37 — Le Départ pour la chasse.

Bois. — H. 00 c. L. 00 c.

## WOUWERMAN (Genre de PHILIPPE)

38 — Muletiers en voyage.

Toile. — H. 20 c. L. 16 c.

## WYNANTS (JEAN)

39 — Paysage boisé.

A gauche, deux femmes et un enfant se reposent au bord d'un chemin conduisant à deux maisons de villageois entourées d'une barrière en planches; au centre, un arbre au tronc noueux s'élève au-dessus d'un petit monticule; sur le devant, un homme portant un paquet.

Ciel nuageux.

Bois. — H. 40 c. L. 56 c.

## WYNANTS (Attribué à)

40 — Paysage.

Sur la gauche, un chemin sinueux où se trouvent trois villageois; au second plan, des chaumières et quelques bouquets d'arbres; au premier plan, à droite, une mare.

Toile. — H. 65 c. L. 80 c.

## ÉCOLE HOLLANDAISE

41 — Marine.

Toile. — H. 33 c. L. 40 c.

## ALLENBERG (?)

42 — Animaux et Villageois à l'entrée d'un village.

Bois. — H. 37 c. L. 52 c.

---

43 — Sous ce numéro seront vendus plusieurs petits Tableaux non catalogués.

---

# DESSINS

---

## BOUCHER (Attribué à François)

44 — Diane et ses Nymphes.

Dessin en grisaille.

## CHARLET (Nicolas-Toussaint)

45 — Un Grenadier de la Garde.

Aquarelle.

## COIGNET (Jules)

46 — Rochers et Chaumières.

Deux dessins à la sépia.

## GROS (D'après le baron Antoine-Jean)

47 — Les Pestiférés de Jaffa.
La Bataille d'Eylau.
Le Passage du Mont Saint-Bernard.

Trois aquarelles.

## HEMSKERCK (Martin)

48 — Distribution de vivres.

Dessin à la plume

## SEBRON (Hippolyte)

49 — Personnages orientaux.

Aquarelle.

## TIENON

50 — Les Chasseurs d'ours.

Aquarelle.

## INCONNU

51 — Plage.

Aquarelle.

## INCONNU

52 — Chasse au renard.

Aquarelle.

---

53 — Un Album, contenant de nombreux dessins de Jules Coignet.

54 — Plusieurs Gravures, d'après Prud'hon, Van Loo, Raphaël, etc.

# OBJETS D'ART

---

## SCULPTURES

55 — **Marbre blanc.** Très joli Groupe du temps de Louis XVI. (Deux Amours se disputant un cœur.) Nous attribuons ce groupe à Pajou. Haut. 50 c.

56 — **Marbre blanc.** L'Amour nu, couché et endormi, XVIII^e siècle.

57 — **Marbre blanc.** La Joueuse d'osselets. Statuette accroupie, grandeur demi-nature.

58 — **Marbre blanc.** Jolie figure d'enfant nu tenant un oiseau d'une main et une pomme de l'autre. par Pigalle, 1784.

59 — **Marbre blanc.** Statuette d'Amphitrite à l'Écrevisse). XVIII^e siècle.

60 — **Marbre blanc.** Statuette d'Apollon debout. XVIII^e siècle.

61 — **Marbre blanc.** Buste de Daphnée, grandeur plus que nature, XVIII^e siècle; sur piedouche en marbre bleu turquin.

62 — **Marbre blanc.** Buste d'Empereur romain. La tête de travail antique et la chlamyde du XVI^e siècle.

63 — **Marbre blanc.** Buste de femme de style antique, grandeur nature.

64 — **Marbre blanc.** Buste de César Auguste. Grandeur nature. XVI$^{e}$ siècle.

64 — **Basalte.** Buste de Pallas. Grandeur deux tiers nature.

66 — **Marbre blanc.** Deux Bas-Reliefs en hauteur. (Diogène et Renommée). XVIII$^{e}$ siècle.

67 — **Corail.** Statuette de femme debout, dans un cadre en cuivre doré.

68 — **Terre cuite.** Médaillon rond antique, Tête ailée en haut-relief.

69 — **Marbre blanc.** Taureau couché. XVIII$^{e}$ siècle.

---

## BRONZES D'ART

70 — **Statuette** en bronze du temps de Louis XIV. Gladiateur, d'après l'antique, transformé en guerrier combattant. A ses pieds, divers attributs.

71 — **Groupe** de trois figures de femmes accolées en bronze du temps de Louis XVI, d'après Clodion.

72 — **Cheval** en bronze; sur socle en stuc, orné de bas-reliefs en bronze, XVIII$^{e}$ siècle.

73 — **Statuette** en bronze. (Antinoüs debout).

74 — Petit **Buste** d'empereur romain en bronze, sur socle en marbre bleu turquin.

75 — **Hercule** enfant étouffant les serpents. Jolie statuette en bronze disposée pour fontaine. Époque Louis XIV.

76 — Très petite **Statuette** d'Hercule debout sur socle en marbre. Bronze italien du XVII^e siècle.

77 — Deux jolis **Groupes** en bronze du temps de Louis XV : Chien attaquant un sanglier et cerf forcé par un chien.

---

## BRONZES D'AMEUBLEMENT

78 — Deux **Candélabres** formés de vases balustre en marbre griotte, montés sur piédouche et à anses en bronze ciselé et doré. Ils sont garnis de bouquets de fleurs à cinq lumières en bronze doré. Époque Louis XVI.

79 — Deux **Bras-Appliques** à trois lumières, en bronze ciselé et doré, ornés de mascarons têtes de satyres et surmontés de trophées d'armes. Époque Louis XVI.

80 — Deux **Bras**, analogues à ceux qui précèdent.

81 — Joli **Encrier** du temps de Louis XV, modèle rocaille en bronze doré avec statuette en ancienne porcelaine de Saxe (Femme au perroquet.)

82 — Deux jolis **Candélabres** du temps de Louis XVI, à figures d'enfants bronzés, portant des bouquets de lys à six lumières.

83 — Grande et belle **Pendule** en bronze vert, bronze doré et marbres de diverses nuances. Elle se compose d'un groupe de bacchante, d'enfant bacchant et ceps de vigne, d'après Clodion. Elle repose sur un socle monumental orné de cariatides et de bas-reliefs, jeux d'enfants, d'après Clodion. Les deux parties de cette pièce importante, qui date du règne de Louis XVI, sont reliées par des panthères couchées.

Haut. 1 m., larg. 84 c.

84 — Deux **Candélabres** du temps de l'Empire, en bronze et dorure, à figures de femmes ailées debout.

85 —Grand **Candélabre** du temps de l'Empire, à figure de Renommée tenant une couronne. de lumières.

86 — Deux **Girandoles** en bronze doré et colonnes de cristal.

87 — Quatre **Flambeaux** du temps de l'Empire, en bronze doré, dont deux ornés de têtes égyptiennes.

88 — Deux **Coupes** en cristal taillé sur pieds en bronze doré.

89 — **Jardinière** ovale et sur piédouche en bronze doré, de style Louis XVI.

90 — Deux **Plateaux** montés à trépieds en bronze doré.

91 — **Buste** de Henri IV en bronze doré.

## PORCELAINES

92 — Petite **Tasse** à deux anses avec soucoupe en ancienne porcelaine de Sèvres, pâte tendre, décorée d'oiseaux en camaïeu carmin. Époque Louis XV.

93 — **Coupe** en forme de coquille avec plateau en céladon bleu turquoise.

94 — **Tasse** avec soucoupe en porcelaine de Sèvres, fond gros bleu et or, avec portrait du roi Louis XVIII.

95 — **Pot-Pourri**, en forme de vase à couvercle, en ancienne porcelaine tendre de Sceaux, décoré d'un médaillon de personnages, d'oiseaux et de festons de fleurs. Ce vase repose sur une terrasse supportant également un oiseau en ronde-bosse.

96 — Joli **Groupe** en ancien biscuit de Sèvres, pâte tendre. (Scène de Bacchanale).

97 — **Statuette** de la Fortune en biscuit de Sèvres; modèle rare.

98 — **Groupe** en biscuit de Sèvres, pâte dure. (Le Déjeûner.

99 — Deux petites **Tasses** en porcelaine, avec porte-tasse en filigrane d'argent.

# OBJETS VARIÉS

100 — **Plaque** rectangulaire en hauteur, en émail de Limoges. Peinture en émaux de couleur. XVI^e siècle. (La Mise au Tombeau.)

101 — **Bas-Relief** en bronze : l'Annonciation. XVII^e siècle.

102 — Grosse **Montre** Louis XIV, à cuvette en cuivre ciselé et doré.

103 — **Groupe** en ancien laque du Japon, composé d'un personnage accroupi tenant un vase laqué en or et couleurs.

104 — Petit **Cabinet** en ivoire sculpté, à ornements, entrelacs, fleurs et oiseaux, et offrant sur chacune de ses faces le sujet d'Adam et Eve tentés par le serpent. Garniture en argent. Travail indien.

105 — Petit **Encrier** Louis XVI en ancien laque du Japon, monté en or, dans un étui en galuchat.

106 — Petit **Éventail** en vernis Martin, représentant le Sacrifice d'Iphygénie.

107 — Petit modèle d'**Armure** du XVI^e siècle, en acier poli.

108 — Deux **Statuettes** en pierre de lard. (Personnages debout.)

100 — Deux autres **Statuettes** en pierre de lard, plus petites que celles qui précèdent.

110 — Lot de **Scarabées** et d'**Amulettes** égyptiennes en terre émaillée.

111 — Deux **Aumônières** en velours ponceau, brodées en soie et or; l'une d'elles avec armoiries. XVIIIe siècle.

112 — Deux **Mosaïques** de Florence, vues de villes avec personnages; cadres en cuivre doré.

113 — **Brûle-Parfums** chinois en bronze, formé d'une chimère debout, sur socle en bois.

---

## MEUBLES

114 — Deux **Consoles** d'angle du temps de Louis XVI, en bois d'acajou, reposant sur quatre pieds cintrés à têtes de béliers, en bronze ciselé et doré et à dessus de marbre blanc; l'entre-jambes est occupé par une rosace en bronze ciselé et doré.

115 — **Console** de même modèle et accompagnant les pièces qui précèdent, mais de travail moderne.

116 — **Pendule** et son socle-support en bois noir, garnie de bronzes. Époque Louis XIV.

117 — Petit **Cabinet** Louis XIII en bois noir et plaques d'ivoire gravé, à figures et paysages.

118 — Objets divers non catalogués.

# LIVRES

## SCIENCES ET ARTS

1. Recherches sur les volcans éteints du Vivarais et du Velay, par Faujas de Saint-Fond. *Grenoble*, 1778; in-folio, dem.-rel., chag. viol. *Planches.*

2. Traité des arbres fruitiers, par Poiteau et Turpin. *Paris*, 1807, gr. in-folio, dem.-rel. mar. rou., n. rog. 144 *planches coloriées.*

3. Histoire des plantes vénéneuses de la France, par Bulliard, 1784. — Herbier de la France, 1780. Ensemble, 2 vol. pet. in-folio, veau. *Planches coloriées.*

4. L'Art de connaître les hommes par la physionomie, par Lavater. *Paris*, 1806, 10 vol. gr. in-8, dem.-rel. v. bleu, n. rogn. *Planches.*

## BEAUX-ARTS

### LIVRES A FIGURES

5. Idée de la gravure. Lettre sur l'Encyclopédie, au mot Graveur, et catalogue raisonné des planches de l'œuvre de M. Marcenay de Ghuy. *Paris*, 1764, in-fol., dem.-rel. 52 *gravures.*

6. Encyclopédie pittoresque ou suite de compositions, caprices et études, gravée au trait par Swebach. *Paris, l'auteur, s. d.*, 4 vol. in-4, dem.-rel. 324 *planches.*

7. La vie des peintres flamands, allemands et hollandais, par Descamps. *Paris*, 1753; 4 vol. in-8, dem.-rel. *Nombreux portraits.*

8. Vies et œuvres des peintres les plus célèbres, gravés au trait par Landon. *Paris, Treuttel*, 1814-1820; 12 vol. in-4, cart., n. rogn.

9. OEuvre de Canova. Recueil de gravures d'après ses statues et ses bas-reliefs, exécutées par Réveil, texte par de Latouche. *Paris*, 1825; in-4, papier vélin, dem.-rel. mar., n. rog.

10. OEuvre de Van Ostade. 86 pièces en un vol. in-folio, dem.-rel.

11. OEuvre de C. G. E. Dietrich, peintre de S. A. Électorale de Saxe. *Nuremberg, Frauenholz*; in-folio, dem.-rel. 82 *planches.*

12. Tapisserie royalle ou tableaux chronologiques des papes, empereurs, rois, avec un épitome de leurs actions plus mémorables, dressée par Jean Boisseau. *Paris*, 1646; in-folio, dem.-rel. veau.

13. Collection originale des tableaux les plus intéressants des Métamorphoses d'Ovide, publiée par l'abbé de Marolles. *Paris, Desnos*, 1760, in-folio, dem.-rel.

14. Galleria Giustiniana del Marchese Vincenzo Giustiniani. *S. l. n. d.*; in-folio dem.-rel., n. rogn. 152 *planches.*

15. Galerie des peintres, lithographiée par Mauzaisse. *Paris, Delpech*, 1823; 2 vol. in-folio, dem.-rel., n. rog.

16. La Gallerie du Palais du Luxembourg, peinte par Rubens, dessinée par Nattier. *Paris*, 1710; gr. in-folio, maroq. rouge, dent., tr. dor. (*Reliure ancienne aux armes royales*). 2 *portraits et* 23 *planches remontées.*

17. Tableaux de la Sainte Bible ou loges de Raphaël. *Paris*, 1825; in-folio obl., dem.-rel.

18. Heures; gr. in-8, v. fauve.

*Manuscrit* du xve siècle composé de 273 feuillets de parchemin orné de miniatures et d'initiales peintes. Chaque page est entourée d'encadrements variés. Raccommodages et plusieurs feuillets enlevés.

19. Galerie du musée Napoléon, publiée par Filhol et rédigée par Lavallée. *Paris*, *Filhol*, 1804; 10 vol. gr. in-8, papier vélin, dem.-rel. mar. rou. n., rog.

Bel exemplaire.

20. Collection complète des tableaux historiques de la Révolution française. *Paris, P. Didot aîné*, 1798; 3 vol. in-folio, v. marb.

21. Cérémonies et fête du sacre et couronnement de Napoléon Ier et de son épouse. *Paris*, *Bance*, 1806; gr. in-folio, dem.-rel. veau. *Planches coloriées.* Faits mémorables de la vie de Napoléon Ier. *Paris*, 1807; in-folio, dem.-rel. veau.

22. Album chinois. Onze aquarelles représentant divers métiers en 1 vol. in-4° oblong, cart.

23. — Le Temple des Muses, orné de LX tableaux, où sont représentés les événements les plus remarquables de l'antiquité fabuleuse, dessinés et gravés par B. Picart. *Amsterdam*, 1733; in-folio, v. marb.

24. Choix de vues pittoresques d'Italie, de Suisse, de France et d'Espagne, par de Senonnes. *Paris*, *Didot*, 1820; in-folio, dem.-rel. v. viol. 42 *planches*.

25. Vues de la ville de Venise, XVIIe siècle. 20 planches gravées par Marieschi ; en 1 vol. in-folio oblong, cart.

26. Figures de l'histoire de la République romaine, sur les dessins de Mirys. *Paris*, 1800 ; in-4°, dem.-rel., n. rog. 180 *planches*.

27. Lucernæ fictiles Musei Passerii. *Pisauri*, 1739 ; 2 vol. in-folio, mar. rou., tr. dor. *Reliure ancienne*. 209 *planches*.

28. Souvenirs des Pyrénées, par Jacottet. *Paris*, *s. d.* ; in-folio, dem.-rel. *Planches lithographiées*.

29. Nouvelles vues perspectives des ports de France, dessinées par Ozanne, gravées par Le Gouaz. *S. d.* ; in-4°, dem.-rel. 60 *planches*.

30. Recueil de vues des lieux principaux de la colonie française de Saint-Domingue, gravées par les soins de M. Ponce. *Paris*, 1791 ; in-folio, dem.-rel. veau.

31. Armoiries des princes et princesses de la maison royale, des ducs et pairs et maréchaux de France. *Paris*, *Roland*, 1736 ; in-folio, bas. marb.

32. Images des héros et des grands hommes de l'antiquité, par Canini, gravées par B. Picart. *Amsterdam*, 1731 ; in-4, v. fau., tr. dor.

33. Galerie historique des illustres Germains. *Paris*, *Renouard*, 1806 ; in-fol., dem.-rel.

34. L'Europe illustre, cont. l'histoire des souverains, des princes, des prélats, des grands capitaines, des savants, des artistes et des dames célèbres en Europe, par Dreux du Radier. *Paris*, *Odieuvre*, 1755 ; 6 vol. in-4, v. marb., fil., tr. dor., 600 portraits.

35. Portraits des personnes illustres de l'un et de l'autre sexe, recueillis et gravés par les soins d'Odieuvre. *S. l. n. d.* (vers 1760); environ 400 portraits en 4 vol. in-8, v. marb.

36. Portraits des personnages célèbres de la Révolution, par Bonneville. *Paris*, 1796; 3 tom. en 1 vol. in-4, dem.-rel.

37. Galerie françoise, ou Portraits des hommes et des femmes célèbres qui ont paru en France, gravés par les meilleurs artistes sous la conduite de M. Restout. *Paris*, *Hérissant*, 1771; 2 vol. in-fol., dem.-rel. mar. rou. n. rogn.

38. Iconographie des Contemporains, depuis 1789 jusqu'en 1820. *Paris*, *Delpech*, 1832; 2 vol. in-fol.. dem.-rel. mar. rou., n. rogn. *Portraits et fac-simile.*

39. Galerie théâtrale ou collection des portraits en pied des principaux acteurs des trois premiers théâtres de la capitale. *Paris, Bance;* 2 vol. in-4, dem.-rel., n. rogn. 96 *Portraits coloriés.*

40. Types militaires, par Draner. 71 pièces coloriées en un vol. in-folio, demi-rel.

41. Mœurs, usages, costumes des Ottomans, par Castellan. *Paris*, 1812; 6 vol. in-18. mar. rou. dent., tr. dor. *Figures coloriées.*

42. Caricatures. 47 pièces en 1 vol. in-fol., dem.-rel.

Caricatures du temps de la Restauration. — Le goût du jour. — Caricatures anglaises. — Quatre pièces de Carle Vernet, gravées en couleur par Debucourt.

43. Caricatures. 86 planches coloriées, en 1 vol. in-4 oblong, dem.-rel.

Musée grotesque. — Mœurs du XIV$^{e}$ siècle. — Le bon ton. — Le goût du jour. — Le bon genre.

44. Collection de onze planches lithographiques; représentant la vue de Newmarket et la vie du cheval de course, par Dubost. *Paris*, 1818; in-fol. oblong, dem.-rel.

45. Caprices de Goya. Un portrait et 79 planches, en un vol. pet. in-fol., v. bleu, tr, dor.

Quelques planches tachées d'humidité.

46. Collection de dessins originaux et de gravures à l'eau-forte, exécutés par Nicolas Pérignon, peintre du roi. 1780; in-4, mar. vert, dent., tr. dor., doublé de tabis (*Bradel-Derome*).

Recueil de 64 aquarelles et de 37 gravures à l'eau-forte, représentant des vues de Normandie, Bretagne, Picardie, Flandre, Suisse, etc.

Les 37 gravures composent la collection complète de ce que Pérignon a gravé à l'eau-forte.

47. Album de dessins par Swebach, Walter, Lauret, etc. 23 pièces, en un vol. in-fol. oblong, dem.-rel.

48. Recueil de gravures anciennes et modernes, en 2 vol. in-fol., dem.-rel.

49. Recueil de gravures. 31 pièces, en un vol. gr. in-fol.

Planches extraites du Musée Laurent. Vues de Saint-Pétersbourg en couleur.

50. Suite de 47 figures de Freudenberg pour les *Contes de la reine de Navarre;* en un vol. in-8, dem.-rel.

51. Suite de 42 vignettes, par Devéria, pour les œuvres de J.-J. Rousseau; en un vol. pet. in-4, dem.-rel. *Épreuves sur chine.*

52. Les Arts au moyen-âge, par du Somerard, *Paris*, 1841; 3 vol. in-8° et atlas in-fol.. dem.-rel. v. viol. *Planches lithographiées.*

53. Musée des Antiques, dessiné et gravé par P. Bouillon. *Paris, impr, de P. Didot l'aîné;* 3 vol. in-folio, papier vélin, dem.-rel. mar. rou., n. rogn.

Bel exemplaire.

54. Antiquités de la Nubie. par Gau. *Paris, Didot,* 1822; gr. in-fol., dem.-rel. mar. rou., n. rogn. 64 Planches.

55. Collection des plus belles statues de l'antiquité de Rome, dessinées exactement d'après les originaux par M. de Marne, dessinateur-graveur ordinaire de la reine. Pet. in-fol., mar. rou.

Recueil des 100 dessins originaux de Demarne.

56. Delle antiche statue greche e romane che si trovano in Venezia. *Venezia*, 1740; in-fol.; bas.

57. Chefs-d'œuvre de l'antiquité sur les beaux-arts, gravés par Bernard Picart, publiés par Poncelin de la Roche-Tilhac. *Paris,* 1784; 2 vol. in-fol., veau marb., fil., tr. dor.

58. Antiquités d'Herculanum, gravées par Piroli, publiées par Piranesi. *Paris*, 1804; 6 tom. en 3 vol. in-4, dem.-rel. mar., n. rogn. *Planches*,

59. Les Antiquités d'Herculaunm, gravées par David, avec leurs explications, par Sylvain Maréchal. *Paris*, 1780; 8 vol. in-4, v. marb., fil., tr. dor.

60. Antiquités étrusques, grecques et romaines, gravées par David, avec leurs explications par d'Hancarville. *Paris*, 1785; 5 vol. in-4, bas. *Planches coloriées*.

## BELLES-LETTRES

61. Les œuvres d'Homère, traduites par Bitaubé. *Paris, Didot*, 1787; 12 vol. in-18, dem.-rel. v. Planches.

62. Anacréon, Sapho, Bion et Moschus, trad. par Moutonnet-Clairfons. *Paris, Leboucher*, 1773; in-8, papier de Hollande, v. marb. fil., tr, dor. *Figures et Vignettes d'Eisen.*

A la suite : Héro et Léandre, 1774. *Figure d'Eisen.*

63. Lucrèce. De la nature des choses, trad, par La Grange. *Paris*, 1794; 2 vol. in-4, cart. n. rogn. *Figures de Monnet.*

64. Le Rommant du pelerinaige du corps humain (en 3 livres et en rimes). — Le pelerinaige de lame (en un livre et en rimes). — Le pelerinaige de Jesus-Christ (en un livre et en rimes). In-folio, relié en bois, recouvert de veau gaufré à froid, avec coins et milieux en cuivre.

*Manuscrit* sur vélin d'une parfaite conservation, contenant 244 feuillets à deux colonnes, d'une belle écriture cursive du XIV^e siècle. Il est enrichi de 173 petites miniatures intercalées dans le texte, très finement exécutées, avec ornements de feuillages sur les marges et lettres initiales en or et en couleur.

65. OEuvres de Boileau Despréaux, avec des remarques de Saint-Marc. *Paris*, 1747; 5 vol. in-8, v. marb. *Figures et Vignettes.*

66. Les Amours de Psyché et de Cupidon, lithographiés d'après les dessins de Raphaël, par Bouillon, Fragonard, etc. *Paris, Didot*, 1825; in-folio, dem.-rel., n. rogn.

67. Les enfants de l'amour et de l'amitié, ou les folies raisonnables. Ouvrages en vaudevilles et en prose, dédiés à Monsieur, Madame et Mademoiselle Monet, 1771; in-4, mar. rou., fil., tr. dor. *Reliure ancienne. Manuscrit.*

68. La Henriade, poème de Voltaire, ornée de dessins lithographiques. *Paris, Dubois*, 1825; 2 parties in-fol., dem.-rel. mar., n. rogn.

69. L'art de peindre, poème par Watelet. *Paris*, 1760; in-4, v. marb. *Figures et Vignettes par Watelel et Pierres.*

70. Poésies diverses. *Berlin, Voss*, 1762; 2 vol. in-18, mar. rou., fil., tr. dor. *Reliure ancienne.*

71. Les Soisons, poème de Thompson. *Paris, Didot*, 1796; in-8, mar. rou. tr. dor. *Figures de Lebarbier avant la lettre.*

72. Longi Pastoralia de Daphnide et Chloe. *Parisiis, Didot*, 1802; in-folio, dem.-rel. mar. n. rog.

*Exemplaire* en grand papier vélin, avec les 9 figures de Prud'hon et Gérard avant la lettre.

73. Tarsis et Zélie. *Paris, Musier*, 1774; 3 tom. en 6 vol. in-8. v. marb. *Vignettes d'Eisen.*

74. Les Comédies de Térence, trad. par l'abbé Le Monnier. *Paris*, 1771, 3 vol. in-8, vt mar. tr., dor. *Figures de Cochin.*

75. Répertoire du théâtre français. *Paris, Dabo*, 1821; 158 tom. en 75 vol. in-18, dem.-rel.

76. Théâtre de P. Corneille. *Paris, Bossange*, 1797; 12 in-8, veau. Figures.

77. Parades. 1791-1826. 12 planches coloriées, en 1 vol. in-4. obl., dem.-rel.

78. Shakespeare, traduit de l'anglais par Letourneur. *Paris*, 1776, 20 l. in-8. v. bleu. *Front.*

79. Lettres d'une Péruvienne, par Madame de Graffigny. *Paris*, *Migneret*, 1797; in-8, cart. n. rog. *Figures de Lebarbier.*

80. Correspondance littéraire de Grimm et Diderot. *Paris, Furne*, 1829; 16 vol. in-8, br.

81. Œuvres complètes de Lafontaine. *Paris*, *Nefveu*, 1820; 18 vol. in-18, papier vélin, dem.-rel.. chag. vert, n. rogn. *Vignettes de Desenne*, avant la lettre.

82. Œuvres philosophiques de M. D***. *Amsterdam*, *Rey*, 1772; 6 vol. in-8, mar. vert, fil., tr. dor.

*Très bel exemplaire* dans une reliure très fraîche de Pasdeloup.

83. Œuvres de J. J. Rousseau. *Paris*, *Lequien*, 1821; 21 vol. in-8, v. ant.

# HISTOIRE

84. Voyage pittoresque autour du monde, par Choris, peintre. *Paris*, *Didot*, 1822; in-folio, dem. rel., n. rog.

85. Voyage pittoresque et historique de l'Istrie et Dalmatie, par J. Lavallée. *Paris*, 1802; in-folio, dem.-rel., n. rogn. *Planches.*

86. Voyage à Méroé, au fleuve Blanc, etc., fait dans les années 1819 à 1822, par F. Caillaud. *Paris*, 1823; in-f., dem.-rel., mar. rou., n. rogn. 150 *Planches lithographiées.*

87. Voyage dans le Levant, par le comte de Forbin. *Paris*, J. R., 1819; gr. in-folio, dem.-rel. mar. rou. n. rogn. 80 *Planches.*

88. Voyages pittoresques et romantiques dans l'ancienne France, par Nodier, Taylor et de Cailleux. *Paris, Didot*, 1820. 4 vol. in-folio, dem.-rel. mar. rou. n. rogn. *Planches lithographiées sur chine*, Normandie et Franche-Comté.

89. Paris et ses environs, par Pugin et Heath. *Londres*, 1829; 2 vol. in-4, dem, rel. mar. viol., n. rogn. (Simier.) *Planches sur chine.*

90. Histoire d'Angleterre représentée en figures, par David. *Paris*, 1786; 3 vol. in-4, v. marb. fil. tr. dor.

91. Histoire de la Russie ancienne et moderne, par Le-Clerc. *Paris*. 1783; 6 vol. in-4, et atlas in-fol. v. mar. Portraits.

92. Description de l'Egypte ou recueil des observations et des recherches qui ont été faites en Egypte pendant l'expédition de l'armée française. *Paris, Panckoucke*, 1828; 23 vol. in-8 de texte et atlas 11 vol. gr. in-folio de planches, dem.-rel., mar. rou. n. rogn.

93. Victoires et conquêtes. Recueil des principaux événements de l'histoire de nos combats, dessiné sur pierre par Grenier. *Paris*, s. d., in-folio, dem.-rel. mar. vert.

94. Les vies des hommes illustres de Plutarque, trad. par J. Amyot. *Paris, Cussac*, 1783; 22 vol. in-8, dem-rel. veau. *Figures.*

95. L'art de vérifier les dates des faits historiques. *Paris*, 1770; in-folio, v. marb.

96 — Sous ce numéro seront vendus les Ouvrages non catalogués.



Vve Renou, Maulde et Cock, imprs de la Compagnie des Commissaires-Priseurs, rue de Rivoli, 144. 15436

Vve RENOU, MAULDE et COCK
IMPRIMEURS DE LA COMPAGNIE DES COMMISSAIRES-PRISEURS
Rue de Rivoli, 144

www.ingramcontent.com/pod-product-compliance
Lightning Source LLC
LaVergne TN
LVHW020254230826
846091LV00006B/2400

*9782013676250*